Odilo Lechner
Hans-Günther Kaufmann

# *Engel an meiner Seite*

Odilo Lechner
Hans-Günther Kaufmann

# *Engel an meiner Seite*

Kösel

MIX
Paper from
responsible sources
FSC® C084279

Verlagsgruppe Random House FSC® N001967


Neumarkter Str. 28, 81673 München
Umschlag: Weiss Werkstatt München
Umschlagmotiv: Hintergrund: Hans-Günther Kaufmann; Foto: F. Leidenberger
Satz: Leingärtner, Nabburg
Druck und Bindung: Print Consult, München
Printed in Czech Republic
ISBN 978-3-466-37205-8

Weitere Informationen zu diesem Buch und unserem
gesamten lieferbaren Programm finden Sie unter
www.koesel.de

# *Engel, die mich begleiten – zum Größeren, zum Kleineren*

Vor einiger Zeit ergab eine Umfrage, dass mehr Menschen in unserer Welt an Engel glauben als an Jesus Christus. Andrerseits sehen freilich viele in den vielfältigen Engelsberichten des Alten und Neuen Testamentes mehr schöne Bilder und Märchen als die Wiedergabe geschichtlicher Wirklichkeit. Und doch hat mich die Vorstellung von Kindheit an begleitet und am Ende meines irdischen Lebens möchte ich dankbar darüber nachsinnen, was mir Engel im Leben bedeutet haben. Dabei sollen mir Engelbilder hilfreich sein. Es sind zum einen Bilder aus der Klosterkirche Andechs. Denn in den Kinderjahren, vor allem in der Kriegs- und der ersten Nachkriegszeit, lebte ich mit den Eltern in einem kleinen Wochenendhaus in Oberpfaffenhofen-Weßling. Ein schönes Ereignis waren Wanderungen auf den Heiligen Berg, von Weßling aus über Seefeld oder von Herrsching aus durch das Kiental. Es war sehr schön, auf den Heiligen Berg hin zu wandern. Andechs war ja auch von weithin zu sehen. Ich blickte auf das Bild einer größeren und schöneren Welt. Zu diesem größeren Zusammenhang gehört auch die Welt der Engel.

Der Schriftsteller Hermann Hesse lobt in einem Gedicht weiße Wolken, Sonne, Meer und Wind, »weil sie der Heimatlosen Schwestern und Engel sind«. Gerade unser bayerischer blauer Himmel mit weißen bewegten Wolken ist uns eine Hilfe, uns die unendliche Welt Gottes mit allen Engeln und Heiligen vorzustellen.

Wir brauchen nicht wie andere Sprachen zwischen sky und heaven zu unterscheiden – wir dürfen uns dem Bild unseres heimatlichen Himmels überlassen und uns zu einer Ahnung der Fülle Gottes führen zu lassen.

# Welt der Fülle

Beim Eintritt in die Andechser Kirche sind wir überwältigt von der Fülle an Farben und Formen, von vielfältigen Gestalten der Engel und Heiligen. Die Andechser Kirche ist auch ein Beispiel der Vielfalt der Geschichte. Wir stehen in der gotischen Hallenkirche mit hochauf-ragenden Säulen des 16. Jahrhunderts, wir sehen die mannigfache Gestaltung des Rokoko, aber auch manche Zeugnisse der Jahrhunderte davor und danach.

Mein Blick fällt auf die Gestalten des oberen Hochaltars mit der von Hans Degler aus Weilheim um 1608 geschaffenen Figur Marias, die dann im 18. Jahrhundert in die Mitte des oberen Hochaltars gestellt wurde. Darüber ist in einem Strahlenkranz die Gestalt Gottvaters, der mit seiner Hand das Herrschaftszepter hält und die Weltkugel trägt. Umgeben ist er von vielen Putten, von Engelsköpfen und Engelsgestalten. Seine rechte Hand ist ausgesteckt und weist auf den Engel auf der Säulenspitze hin. Dieser Engel bringt die Botschaft an Maria und weist so auf die Geschichte der ganzen Menschheit hin, die in der Menschwerdung Gottes ihre eigentliche Mitte hat.

Die Menschheitsgeschichte ist freilich hineingetaucht in die Welt der Engel. Es sind ganz kleine Gestalten, die sich in niedlichen

Köpfen manifestieren und wie in einem Tanzreigen auf der rechten Seite Zeichen der Lebendigkeit und Fruchtbarkeit tragen. Wir blicken so auf die Fülle himmlischen Lebens und irdischer Geschichte. Das Kleine und Liebliche in den vielen Engelgestalten macht deutlich, dass wir das ganz Große von irdischer und himmlischer Welt und ihrer Geschichte erahnen in vielen kleinen Gestalten. Von den vielen kleinen Gestalten, die an kein Ende kommen, erahnen wir die Unendlichkeit der Größe des Schöpfers. So weisen die vielen Engel, auch die ganz kleinen, hin auf das Geheimnis, dass gerade die Kleinen das Geheimnis des Gottesreichs verkörpern: »Wer so klein sein kann wie dieses Kind, der ist im Himmelreich der Größte« (Mt 18,4).

יהוה

# Engelchor

Die größere, vollendete Welt Gottes wird vielleicht am deutlichsten durch das Deckenfresko über der Orgel und dem ehemaligen Mönchschor. Da sind die musizierenden, singenden, jubilierenden Engel dargestellt. Sie haben Instrumente und Notenbücher in der Hand. In der Mitte ist Michael zu sehen, wie er hingebungsvoll mit dem Stab den ganzen Chor dirigiert. Alle scheinen ergriffen zu sein von der Musik, die sie singen und spielen. Im Gesang, in der Musik wird die Herrlichkeit, der Glanz, die Gloria Gottes aufgenommen und beantwortet. So werden wir durch Engel zu immer Größerem, zur unendlichen Schönheit Gottes geleitet.

Albrecht III. bzw. Nikolaus von Cues hatten bei der Gründung des Klosters Andechs als seine erste Aufgabe (neben den Aufgaben des Predigers auf der Kanzel und der des Seelenarztes im Beichtstuhl) auf das Loben Gottes an Stelle der Engel im Chor hingewiesen.

Vor vielen Jahren sprach ich in Andechs mit einer Gruppe junger Menschen. Wir versuchten Bilder und Gleichnisse zu bestimmten religiösen Begriffen wie Glaube oder Tugend zu finden. Zu dem Wort Demut sagte ein Junge: Demut empfinde ich oft in einem Konzert. Da bin ich erfüllt von der Großartigkeit und Schönheit der Musik. Ich fühle mich erhoben, weit geworden – und doch sehr klein, weil ich selber nie so etwas komponieren oder auch nur auf einem der Instrumente spielen könnte. So macht uns die Erfahrung des Großen wie der Engelchöre zugleich unsere Kleinheit bewusst. Diese Kleinheit bedrückt uns nicht. Das Staunen und die Freude über das Kunstwerk führen zu einer Demut, in der wir offen werden für das Größere, auch wenn es nicht von uns selbst hervorgebracht wird.

So dürfen wir immer wieder aufbrechen aus der Enge der eigenen Welt in die Weite der Landschaft, aus dem Dunkel der Täler zur Freiheit und hellen Weite der Berge. Das erfuhr ich als Kind auch auf dem Weg zum Heiligen Berg und beim Eintritt in die barocke Fülle und Farbigkeit des zunächst gotischen Raumes der Kirche, die voll ist von kleinen und großen Gestalten der Engel.

# *Die Mitte des Heiligenhimmels*

Über dem Andechser Doppelaltar wölbt sich als Kostbarkeit das große Deckenfresko von Johann Baptist Zimmermann (bis 1755). Es zeigt die Heiligen, die mit Andechs zu tun haben. In ihrer Mitte tragen zwei Engel das Heilszeichen für den Heiligen Berg, die Dreihostienmonstranz. Im Altarssakrament ist die unendliche Fülle des Gottessohnes unter uns gegenwärtig. Es sind drei wunderbare Hostien, die 1388 als Schatz des Heiligen Berges aufgefunden wurden. Diese Hostien sollen der Überlieferung nach Blutspuren aufgewiesen haben, die den Zweifelnden die Gegenwart des Herrn bezeugten. Die Eucharistie, die drei Hostien zeigen an, was die Mitte der Geschichte, was die Mitte auch unserer jeweiligen Gegenwart ausmacht: Gott ist in Christus ein ganz kleiner Teil unserer Welt und zugleich ihr letzter Sinn und ihr Zusammenhalt geworden. Christus, der Herrscher des Alls, hat sich in der liebenden Zuneigung zu seinen Jüngern im Abendmahlsaal in die Gestalt von Brot und Wein hineingegeben und gibt sich immer neu hinein, wenn Gläubige sich in der Eucharistiefeier versammeln. Zwei Engel also tragen in die helle Mitte des Deckenfreskos die Dreihostienmonstranz, das Zeichen der Zuwendung Gottes zu dieser unserer Welt, dieses Zeichen der Gegenwart des Heils. Gott ist kein einsames, fernes Wesen. Er will in dieser unserer Welt gegenwärtig sein. Gottes Gegenwart wird durch die Engel präsentiert. Sie kommen und wollen uns helfen, diese seine Gegenwart unter uns zu erfahren.

# Engel – Verbindung zwischen Himmel und Erde

Kostbar ist mir das Andechser Deckenfresko mit der Dreihostienmonstranz. Aber besonders fasziniert an diesem weiten prächtigen Deckenfresko hat mich immer die Gestalt eines Engels am unteren Rand des Gemäldes. Er blickt hinauf zu den Heiligen und zur Mitte, der Gegenwart des Herrn, und stützt sich auf ein hochragendes Kreuz. Sein linker Fuß aber ragt als Plastik über das Gemälde und seinen Rand hinaus, hinein in den Kirchenraum. Das ist für mich die Verbindung zum Kirchenschiff, die Verbindung zu uns Gläubigen. Das scheint mir eine gute Beschreibung der Funktion des Schutzengels. Er gehört dem Himmel an, aber er gibt sich immer wieder hinein in unsere irdische Welt. An seinem Weg durch unsere Welt, an seinem Fuß können wir uns festhalten und mit hineinziehen lassen in die Welt der Vollendung. Der Glaube an die Schutzengel drückt das aus: in unserem irdischen Leben dürfen wir auf ihren Beistand hoffen, der uns auf diese oder jene Weise immer wieder mit hineinnehmen will in das Offenbarwerden der Gegenwart und Herrlichkeit Gottes. Über diese Verbundenheit der Engel mit unserem Weg sagt Jesus im Gleichnis von der verlorenen und wiedergefundenen Drachme: »Ich sage euch. Ebenso herrscht auch bei den Engeln Gottes Freude über einen einzigen Sünder, der umkehrt« (Lk 15.10). Die Engel leben ganz in der Anschauung Gottes und nehmen doch teil an unserem Leben.

# Teich Betesda

Das Wirken der Engel in der Geschichte ist für mich sehr beeindruckend im letzten Deckenfresko vor dem Orgelchor dargestellt. Es weist hin auf die Erzählung aus dem Johannesevangelium (Joh 5,2-9) von der Heilung eines Mannes, der schon 38 Jahre krank war. Das Ereignis spielt sich ab am Teich Betesda (Haus der Barmherzigkeit). Der vierte Vers (eine Zusatzbemerkung des Evangeliums) berichtet: »Ein Engel des Herrn stieg zur bestimmten Zeit in den Teich hinab und brachte das Wasser zum Aufwallen. Wer dann als erster hineinstieg, wurde gesund, an welcher Krankheit er auch litt«. Im Fresko ist zu sehen, wie der Engel herabsteigt und mit einem langen Kreuzstab das Wasser zum Wallen bringt. Und wir sehen, wie sich da Kranke und Verkrüppelte versammeln und einer mit Hilfe eines Begleiters ins Wasser hineinsteigt. Über dem Teich aber ist die Muttergottes zu sehen, von Engeln begleitet. Das Gemälde will sagen: wie an diesem Teich durch das Wirken eines Engels wunderbare Heilung geschah, so auch hier in Andechs auf die Fürbitte Marias am Ammersee. Heilendes Wirken ereignet sich immer wieder in der Geschichte, auch bei uns. Im Bericht des Johannesevangeliums freilich trifft Jesus den kranken Mann und fragt ihn: »Willst du gesund werden?« Der antwortet:

»Ich habe keinen Menschen, der mich sobald das Wasser aufwallt in den Teich trägt«. So steigen immer wieder andere vor ihm in den Teich. Jesus aber sagt zu ihm: »Steh auf, nimm deine Bahre und geh«. So wird deutlich, dass die heilende Wirkung von Gott selber ausgeht, auch wenn Engel und Menschen mitwirken. Das sagt mir dieses Bild des Engels, der den Teich in Wallung bringt: Es gibt die besonderen Orte, an denen deutlich wird, wie nahe uns die heilende Gnade ist. Die Fürbitte Mariens, das Wirken der Engel, die helfende Begleitung von Menschen – sie ermutigen uns, an das Wirken der Gnade Gottes zu glauben. Den Juden, die Jesus angreifen, weil er den Mann am Sabbat geheilt hatte, antwortet Jesus: »Mein Vater ist noch immer am Werk und auch ich bin am Werk (Joh 5,17). Dieses Bild, Gnadenorte wie der Heilige Berg, wollen uns darin bestärken: das Wasser des Lebens, die Liebe Gottes ist uns nahe und wirkt wunderbar und immer neu, selbst wenn wir wie der Mann am Teich Betesda schon sehr lange darniederliegen, wenn wir uns alleine nicht mehr helfen können – wir dürfen uns dem Anruf des Herrn öffnen.

# *Anbetung*

Auf beiden Seiten des unteren Hochaltares mit dem Tabernakel in der Mitte, unter der Gestalt Mariens und dem Kind, sehen wir zwei Engel, kniend in Anbetung versunken. Der Engel auf der rechten Seite (neben der Heiligen Elisabeth) öffnet seine Hände, öffnet sich selber dem Geheimnis Gottes. Sein Gesicht ist ihm ganz zugewandt, er ist ganz offen für das unendliche Geheimnis. Der Engel auf der linken Seite, auf den der heilige Nikolaus von der Seite her blickt, hat seinen Kopf geneigt, die Augen geschlossen und seine Hände vor die Brust gelegt.

Das Geheimnis Gottes ist nicht von außen sichtbar, sondern darf in unserem Inneren erfahren werden. Wenn wir wie die Engel niederknien vor dem unendlichen Geheimnis Gottes, dann erfahren wir, dass Gottes Geheimnis in uns selber ist, dass wir es in unserem Inneren erahnen.

Auch die Engel leben und beten in dieser Doppelbewegung: dass wir uns ganz weggeben, ganz offen werden für die Heiligkeit Gottes und dass wir zugleich uns ganz in unser Inneres versenken, Gottes Gegenwart in uns verspüren. In dieser doppelten Beziehung steht jedes Geschöpf, jeder Mensch, auch die Engel. Wir blicken auf das Andere, auf den Anderen. Wir dürfen immer wieder eine Wirklichkeit erfahren, die größer ist als wir selber.

Und wir dürfen zugleich erspüren, dass dieses Größere, dieses ganz Andere nicht von uns selber kommt, sondern geschenkt wird und doch ganz in uns selber da ist.
Gerade in einer so lebendig gestalteten Kirche wie der von Andechs gilt es, die uns umgebende Schönheit, die Mannigfaltigkeit der Farben und Formen aufzunehmen. Und es gilt zugleich zu erspüren, dass dies alles in unserem Inneren gegenwärtig ist, wenn wir in Stille in uns hineinhorchen: dass die Vielfalt eins ist und wir sie in uns selber tragen.

ALTARE QVOTIDIE PRIVILEGIATVM

# Der Beistand der Engel

Manche Engel in der Andechser Kirche stehen den Heiligen bei und versprechen so auch uns ihren Beistand. So sehen wir rechts vom Hochaltar den Heiligen Florian, der als Patron gegen die Feuersgefahr angerufen wird. Die Gefahren in unserem Leben sind oft bedrohlich, oft fehlt es uns an den nötigen Mitteln, die Gefahr zu beseitigen. In der Feuergefahr brau-

chen wir das Wasser zum Löschen. So sehen wir hier am Fuß des Heiligen einen Engel, der beflissen das Wassergefäß hält.
Auf der anderen Seite ist der Heilige Nepomuk zu sehen, der als Märtyrer des Beichtgeheimnisses gilt und in unseren Landen auf vielen Brücken steht. Er will uns beistehen, wenn wir an das andere Ufer gehen, wenn wir gefahrvolle Wege beschreiten müssen.

Er blickt auf ein großes Kreuz, das ihm ein Engel entgegenhält. In der Betrachtung des Kreuzes gewinnt Nepomuk die Kraft, der Gewalt zu widerstehen und anderen den Weg zum Ziel zu weisen. Dieser Blick auf das Kreuz lässt Nepomuk zu sich selber finden. Seine linke Hand greift nach dem Herzen, das die Kraft des Gekreuzigten in sein bedrängtes Inneres aufnimmt. Die rechte Hand weist in die Weite, gibt anderen Menschen die Hoffnung und Zuversicht, auch über schwieriges Gelände zum Ziel zu kommen. So trägt der Engel zu Füßen der hl. Elisabeth den Krug, den die Heilige der Nächstenliebe verwendet für die Dürstenden.

Die Gewissheit, dass Engel uns begleiten, dass sie uns Menschen zugeordnet sind, kann unseren Blick auf die anderen Menschen er-

weitern. Jeder hat seinen Engel und die Engel sind eine große Gemeinschaft.
Eine für ihre Familie, für soziale und ökumenische Fragen engagierte Frau erzählte mir einmal: Wenn ein schwieriges Gespräch anstehe, rufe sie gewöhnlich ihren Schutzengel an, aber auch den Schutzengel des Gesprächspartners. Diese Engel sollten das Gespräch vorbereiten, damit man nicht aneinander vorbeirede. So seien oft auch konfliktreiche Gespräche zu einem guten Ende gekommen, aus der Gewissheit, dass alles schon im Gespräch der Engel besprochen ist. Wir sind hineingenommen in das große Gespräch im Himmel.

## *Sterbebegleitung – Rasso*

Die beiden ersten Seitenaltäre der Andechser Kirche zeigen zwei sterbende Heilige. Der eine ist Rasso, der legendäre Urahn der Grafen von Andechs. Wir sehen ihn als mächtigen Mann in der Rüstung, der für das Gute gekämpft hat und nun vor Gott gerufen wird. Aber wir sehen auch, wie Engel ihn begleiten, vor allem wie einer der Engel ganz hinter den großen Mann tritt und ihn dem Himmel entgegenhebt. Gerade Menschen, die groß und stark waren, sind gewohnt, auf die eigene Kraft zu vertrauen. Aber unser Sterben können wir nicht selber in die Hand nehmen. Auch der Starke und Große muss seine Kleinheit und Ohnmacht akzeptieren, um sich ganz den heilenden und helfenden Kräften zu überlassen. Auch wir dürfen gewiss sein: auch wenn ein schweres Gewicht uns am Boden haften lässt, es sind Kräfte da, die uns stützen und tragen. Auch in schwerer Bedrängnis, wenn ein Leben zu Ende geht und unsere Kräfte zu versagen drohen, hebt die Gemeinschaft der Heiligen und der Engel uns empor und lässt uns auch in der letzten Stunde nicht verzagen. Erstaunlich ist ja, wie so kleine Engelsgestalten das scheinbar so große und schwere Werk menschlichen Lebens und Sterbens begleiten. Auch hier wird deutlich, dass die wahrhaft großen Mächte des Himmels ganz klein dargestellt werden, gerade dort, wo sich irdische Größen als schwach erweisen.

Nunc dimittis ſervum tuū Dómine, ſecundum Verbum tuum in pace.

# *Sterbebegleitung – Benedikt*

Auf dem linken vorderen Seitenaltar sehen wir das Bild des sterbenden hl. Benedikt. Nach der Lebensbeschreibung durch Gregor des Großen ließ er sich, um den nahen Tod wissend, in die Kirche bringen und starb stehend, gestützt auf die ihn begleitenden Mitbrüder. Vielleicht bedrängt uns alle in den letzten Stunden die Erinnerung an manches Versagen. Ebenso aber kann uns die Erinnerung an eine Hilfe in bedrängter Situation hilfreich sein.

So sehen wir beim Fuß des Heiligen Benedikts einen Engel, der ein zerbrochenes Glas in der Hand hält. Er erinnert an eine schwierige Situation des jungen Mönchs Benedikt, der zum Abt eines benachbarten Klosters gewählt wurde und dieses Amt übernahm. Freilich fand er mit seinen Mahnungen großen Widerstand, so dass die Mönchsgemeinde ihn vergiften wollte. In dieser bedrohlichen Situation machte Benedikt das Kreuzzeichen über den Becher und dieser zersprang.

So konnte Benedikt in großer Ruhe von dieser Aufgabe scheiden und neu in der Einsamkeit sich selber und Gott wieder finden, den Weg des Lebens hin zur Vollendung gehen. Die Vollendung für Benedikt ist, dass er sich in die Kirche bringen lässt und gestützt auf seine Brüder seine Seele Gott übergibt.

1828 Pfarr

# *Michael, Kämpfer für das Gute*

Zu den Kostbarkeiten der Andechser Kirche gehört auch ihre Kerzenkammer mit Kerzen aus mehreren Jahrhunderten. Die Gemeinden, einzelne Notleidende oder auch Gruppen (sogar Fußballvereine wie FC Bayern und 1860) haben sie gestiftet als Bitte um Hilfe, als Dank für Erhörung. Wir blicken auf das Bild einer Kerze von 1822, das den Erzengel Michael mit dem Schwert des Kampfes und der Waage der Gerechtigkeit zeigt. Michael kämpft in der Heiligen Schrift gegen die Mächte des Bösen, gegen Engel anderer Völker wie der Perser. Er macht deutlich: Gott lässt die Seinen nicht im Stich. Darum dürfen auch wir in allen Kämpfen und Bedrohnissen des Lebens auf seine Hilfe vertrauen. Aber wir dürfen uns um die Entscheidung für das Gute nicht drücken. Die Welt der Engel in den Schriften vor allem des Ersten Testamentes ist freilich eine vielfältige Welt. Der Satan tritt etwa im Buch Hjob mit anderen Gottessöhnen vor den Herrn und spricht über die Menschen. Die Welt all der Wesen, die um Gott sind, ist vielfältig und spiegelt die Vielfalt und Gegensätzlichkeit der menschlichen Welt wider.

# *Michael, Engel des Gerichts*

Noch einmal ein Blick auf den hl. Michael. Auf dem hinteren linken Seitenaltar ist ein Bild vom Jüngsten Gericht von Elias Greiter d.J. zu sehen. Von ihm stammt auch das Medaillon oberhalb des Altares: Ein den Menschen geleitender Schutzengel, ein Bild der Tröstung. Freilich beim Hauptaltar ist Michael der, der für den wiederkommenden Christus das Gericht, die Scheidung von Gut und Böse vollzieht. Die Scheidung ist eine Mahnung an uns zur Entscheidung für den Herrn.

Ist die Scheidung eine endgültige für ewig? Sehr zum Nachdenken gebracht hat mich die Begegnung mit Carl Orff, den ich 1982 in der Andechser Kirche beerdigen durfte. Sein letztes großes Werk »Das Spiel vom Ende der Zeiten« gibt beeindruckend wieder, wie am Ende die finsteren Mächte uns Angst machen. »Angst, Furcht, Grauen, Schrecken und Entsetzen ergreift alle«. Aber am Ende des Stückes spricht der Satan sein »Pater peccavi«. Die Welt kommt zu Gott als dem »summus finis«, der höchsten, alles versöhnenden Vollendung. Es wird damit angeknüpft an die Stelle der Apostelgeschichte (Apg 3,21), wo Petrus von den »Zeiten der Wiederherstellung von allem« spricht. Damit ist zumindest eine Möglichkeit angedeutet, die, ohne uns der geschichtlichen Entscheidung zu entheben, doch auf eine »Allversöhnung« hoffen lässt. Kampf und Entscheidung sind unerlässlich und dazu mahnt uns der Kämpfer Michael. Aber dass das Ende, die Vollendung von Gottes Güte bestimmt wird, darf auch für uns ein Gedanke der Hoffnung sein.

# Pfarrkirche St. Gabriel

In München bin ich geboren und in der Nähe des Prinzregentenplatzes aufgewachsen. Dort war die Münchner Wohnung von Adolf Hitler. Wenn er zu Besuch in München weilte und etwa mit fremden Gästen zu seiner alten Wohnung fuhr, begleitet von mehreren Autos, füllten sich Platz und Prinzregentenstraße oft mit begeisterten oder neugierigen Zuschauern. Das war die Welt, von der Zeitungen und Radio berichteten und oft auch mich als kleinen Buben mit Begeisterung zu erfüllen suchten. Die Welt der Großen tat sich vor den Augen des Kindes auf.

Aber ein wenig weiter nach Osten an der Prinzregentenstraße war unsere Pfarrkirche St. Gabriel. An ihrer Front ist sehr groß die Gestalt des Engels zu sehen, der Maria und mit ihr der Welt die Botschaft bringt, die Sinn und Rettung der ganzen Geschichte aufleuchten lässt. In manchen der Gespräche der Eltern, etwa bei einem Ausflug mit unserem Hausarzt, erfuhr ich von dem Bedrohlichen des NS-Regimes, von der Gefahr eines kommenden Krieges. Da wurde die Verheißung einer Rettung, wie wir sie am Sonntag in unserer Franziskanerkirche erfuhren, auch schon für den Buben besonders wichtig. Dieses Wichtige stand mir mit allem Ernst vor Augen, wenn mein frommer Vater erzählt hat: er habe den Beichtvater gefragt, ob er diesen Sonntag zu Kommunion gehen dürfe, weil er noch nach Mitternacht wegen seiner Herzbeschwerden eine Medizin zu sich genommen hatte. Die Antwort im Beichtstuhl war: er solle doch lieber bis zum nächsten Sonntag damit warten, um die eucharistische Nüchternheit nicht zu verletzen. Das scheint uns heute übertrieben, hat mir aber die Größe des heiligen Sakraments gezeigt.

# *Mit dem Engel zur Schule*

1941 führte mich mein Schulweg nunmehr zum Wilhelmsgymnasium beim Max II Denkmal. Er führte mich, bevor es die Stufen zum Isarfluss hinabging, am Friedensengel vorbei, der auf einer achtunddreißig Meter hohen Säule zur Stadt hinabblickt. Gewiss war er geschaffen zum 25jährigen Jubiläum des Endes des deutsch-französischen Krieges und zeigte unten deutsche Kaiser und Wittelsbacher Herrscher und antike Gestalten wie Herakles und Nike. Aber für uns war es doch ein Engel des Friedens, der auf die Stadt herabschwebte und unseren Weg in die Schule begleitete.

Gewiss ging ich oft allein mit allerlei Sorgen zur Schule. Vielleicht drohte eine Prüfung. Vielleicht kamen unangenehme Aufgaben auf mich zu. Bedrohlich wirkten auch die Angriffe einiger Nazilehrer auf die Kirche, so dass wir 12jährigen hören mussten: »Haltet nur zu diesen Päpsten, die Deutschland vernichtet haben. Euch wird man die Augen noch öffnen«. Angst machte auch der immer mehr spürbare Krieg. Aber der Engel gab Zuversicht, dass er uns auf allen Wegen begleitet. »Wer einen Engel zum Freund hat, braucht die ganze Welt nicht mehr zu fürchten« (Martin Luther).

# *Heimweg*

Auf dem Rückweg von der Schule brauchten wir viel länger.. Es gab die Auseinandersetzung mit den Lehrern. Es hatte damals auch öfters schon einen Fliegeralarm und einen Aufenthalt im Keller gegeben (freilich für uns zumeist eine willkommene Unterbrechung des Unterrichts). Wir erzählten uns auch Witze. Einer meiner Lieblingswitze aus dieser Zeit handelt von einem Frontbesuch von Goebbels und Goering an der Afrikafront bei Rommel. Als Goebbels den Unterstand betrat, antworteten die Soldaten brav mit Heil Hitler, nur einer sagte Servus. Goebels war empört und schickte ihn hinauf in die Sonne. Als er wie üblich eine Stunde vom Endsieg geredet hatte, fiel ihm der Kerl ein und er ließ ihn holen: »Vielleicht ist ihm jetzt der deutsche Gruß eingefallen«. Der aber sagte nun: »Gelobt sei Jesus Christus«. Alles erstarrte, nur Göring sagte zu Goebbels: »Das hast du falsch gemacht. Hättest du ihn eine halbe Stunde oben lassen, wäre er vielleicht braun geworden. Jetzt ist er schwarz worden«. Schnell stiegen wir wieder die Treppen zum Friedenengel hinauf, der uns entgegenschwebte und so zu einem Zeichen der Hoffnung und Freude würde. Später hat mich ein Engelgedicht daran erinnert, das ich bei Rose Ausländer fand:

Aus seinen Flügeln rauschen  
Liebesworte,  
Gedichte, Liebkosungen.  
Er bewacht  
deinen Weg,  
leitet deinen Schritt  
engelwärts.

# *Alter Bogenhauser Friedhof*

Da ich schulisch zur Gebelevolksschule in Bogenhausen gehörte, wurde auch die dortige Kirche Hl. Blut und die alte St. Georgskirche für mich in etwa zu einer kirchlichen Heimat. Die Georgskirche liegt auf einer kleinen Anhöhe über den Isaranlagen. Diese Anhöhe war auch mein erster Münchner Skiberg, der freilich zu einem Beinbruch und einem Krankenhausaufenthalt führte. Die Kirche ist von einem wunderschönen Friedhof umgeben, der die Gräber alter Bogenhauser Bürger und dann auch anderer berühmter Münchner aufnahm. Am Friedhof wird besonders spürbar, dass alles Irdische seine Grenze hat, aber dass das Irdische nicht unsere endgültige Heimat ist. Auch an diesem Friedhof spendeten die Gestalten von Engeln den Trost, dass sie uns auch in dunklen Stunden begleiten und behüten. Der tröstende Engel nimmt Anteil an unseren Ängsten, an unserem Trennungsschmerz. Er fühlt mit und nimmt uns hinein in die andere, die größere Welt.

2

# *Chorkapelle in St. Bonifaz*

Trotz des schon geschilderten zeitweiligen Aufenthalts in Weßling habe ich mich immer als Münchner gefühlt. Nach dem Krieg habe ich von 1946–1949 vier Jahre im Gymnasium bei den Benediktinern in Metten verbracht, nach dem Abitur studierte ich in großer Freiheit verschiedene Fächer an der Uni in München und verbrachte dann ein Jahr im Kolleg der Jesuiten in Innsbruck, um zu einer Entscheidung für mein Leben zu finden.

Mit 21 Jahren bin ich dann in das Benediktinerkloster St. Bonifaz in München eingetreten. König Ludwig I. hatte zur Gründung dieses Stadtklosters (1850) das, was von dem säkularisierten Kloster Andechs noch da war, als wirtschaftliche Grundlage und seelsorgliche Aufgabe beigegeben. Als Abt hatte ich natürlich auch in vielfältiger Weise für die Bauten von Kloster Andechs und St. Bonifaz zu sorgen. So gingen wir auch in den neunziger Jahren daran, die Chorkapelle des Stadtklosters zu sanieren und neu zu gestalten. Die Regel des heiligen Benedikt weist öfters auf die Engel hin, die Gott von unserem Leben berichten und in deren Angesicht wir beim gemeinsamen Gebet Gott loben. Die Bayerische Benediktinerkongregation wurde 1684 von Papst Innozenz XI. unter dem Titel der heiligen Schutzengel gegründet. So schien es mir sinnvoll, durch Bildwerke von Maria Rieser aus Straubing und Lilian Sanchez-Morino, einer chilenische Künstlerin, in unserer Stätte des täglichen Gebetes auf die Gegenwart der heiligen Engel hinzuweisen.

# *Jakobsleiter*

Eines der Bilder des Ersten Testamentes hat mich durch viele Jahre begleitet. Es ist der Traum Jakobs von einer Treppe, die auf der Erde stand und bis zum Himmel reichte: »Auf ihr stiegen Engel Gottes auf und nieder« (Gen 28,12). Und oben sprach der Herr: »Ich bin mit dir, ich behüte dich, wohin du auch gehst« (Gen 28,15). Jakob ist voll Ehrfurcht gegenüber diesem Ort: »Hier ist nichts anderes als das Haus Gottes und das Tor des Himmels« (Gen 28,17). Er gibt dem Ort mit dem Stein, auf den er seinen Kopf gelegt und dann mit Öl gesalbt hatte, den Namen »Bet-El« (Gotteshaus). Dieses Bild einer großen Verheißung nimmt Jesus auf, als er zu einem der ersten Jünger, zu Nathanael, sagte: »Du wirst noch Größeres sehen. Ihr werdet den Himmel geöffnet und die Engel Gottes auf- und niedersteigen sehen über dem Menschensohn« (Joh 1,50f). Jesus nimmt also dieses Bild der alttestamentlichen Verheißung von Jakob auf, um die Erfüllung in ihm anzudeuten. Erde und Himmel sind nicht mehr getrennt. Das Auf- und Niedersteigen der Engel ist ein Bild, dass Erde und Himmel, dass Mensch und Gott in Verbindung sind. Der Aufstieg des Menschen zum Größeren ist nicht ein sich Erheben des Niederen zum Höheren, sondern wird durch das Herabsteigen der Engel und ihr Aufsteigen dargestellt. Engel sind die Boten Gottes, die vom Himmel kommen und uns zum Himmel erheben. Das Größere, das unsere Seele sucht, der Aufstieg zur Vollendung ist möglich durch das Herabsteigen der göttlichen Wirklichkeit. Engel senken sich herab in die irdische Begrenztheit, die unendliche Fülle geht ein in endliche Gestalt – Gott wird Mensch. Das ist das Geheimnis Jesu Christi: »Niemand ist in den Himmel hinaufgestiegen außer dem, der vom Himmel herabgestiegen ist: der Menschensohn (Joh 3,13). Darum gilt: »Wer sich selbst erhöht, wird erniedrigt, und wer sich selbst erniedrigt, wird erhöht werden« (Lk 14,11; Mt 23,12). Dieses Geheimnis vollzieht sich, wenn wir Gott begegnen. Darum leuchtet dieses Bild der Jakobsleiter, ein Floatglasgemälde von Maria Rieser, uns aus der Chorkapelle entgegen.

# Die Jünglinge im Feuerofen

Ebenfalls von Maria Rieser ist das Bild an der Südseite unserer Chorkapelle. Es stellt den Lobgesang der drei Jünglinge dar, der ein fester Bestandteil unseres Chorgebetes an Sonn- und Feiertagen ist. Im Buch Daniel wird berichtet, wie Nebukadnezar, der König von Babel, drei Juden, denen die Verwaltung der Provinz anvertraut war, in einen Feuerofen werfen ließ, weil sie sein goldenes Standbild nicht anbeten wollten. Die drei Männer wurden gefesselt und in einen glühenden Ofen geworfen, dessen Flammen auch die verzehrten, die nur in seine Nähe kamen. Zu seinem Erstaunen bemerkte der König, dass die drei Männer frei im Feuer umhergingen und dass ein vierter dabei war, der wie ein Göttersohn aussieht. Die drei aber sangen im Ofen: Gepriesen bist du Herr, du Gott unserer Väter. Sie sangen ein Preislied von 38 Versen. Nebukadnezar aber erkannte, dass Gott seinen Engel gesandt und seine Diener gerettet hatte. Er ließ die drei Männer frei und ließ es ihnen gut gehen. Auf dem Bild sehen wir eine große rote Fläche. Sie steht für

Feuer und Blut, für all die Bedrängnisse in unserer Welt. Aber mitten darin erheben die Drei ihre Hände und spüren den Schutz und die Hilfe des Gottesboten.
So dürfen wir uns immer wieder in unserer Chorkapelle mitten in der Großstadt versammeln, um Gott zu loben und seine rettende Nähe zu erahnen. Auch wir kommen aus der Hetze und den Widrigkeiten unserer Zeit. Aber wir dürfen immer wieder im gemeinsamen Lobpreis Gottes Befreiung, Rettung und neue Freude erfahren, wenn wir mit den drei Jünglingen beten: »Preist den Herrn, lobt und rühmt ihn in Ewigkeit! Denn er hat uns der Unterwelt entrissen und aus der Gewalt des Todes errettet. Singt ihm Lob und Dank. Denn ewig währt seine Güte« (Dan 3,88 und 90).

der Mensch ist geworden wie wir, er erkennt

# Paradies

Das Buch Genesis gibt uns eine Deutung menschlicher Geschichte. Der Mensch, dem die ganze Schöpfung anvertraut ist, lässt sich verlocken, von den köstlichen Früchten des Baumes zu essen, die Weisung des Schöpfers zu missachten und so Gut und Böse in die eigene, willkürliche Hand zu nehmen. So geht die Schönheit einer Welt, die ganz aus der Hand Gottes entgegengenommen wird, verloren. Der Mensch, seine Gefährdung, die ihn nun erfasst. So wird der Mensch aus dem Garten von Eden vertrieben und Cherubim überwachen den Weg zum Baum des Lebens. Auf dem Bild von Lilian Sanchez Moreno sehen wir Adam und Eva, wie sie den Weg mühseliger Arbeit und schmerzlicher Geburt, wie sie den Weg in unsere Geschichte antreten. Aber hinter ihrem Rücken, in uns selber bleibt die Erinnerung an eine Welt, wie sie allein Gott schenken kann, an eine Welt, wie sie eigentlich sein könnte und sein sollte. Der Engel, der den Weg zum Baum des Lebens bewacht, muss hier nicht als feindlich angesehen werden. Er will die Erinnerung, d. h. das Innewerden der Welt nach dem Willen Gottes wachhalten. Es ist die Welt, die der Mensch bewahren und hüten soll. Es ist die Welt der Gemeinschaft der Menschen, von Frau und Mann. Auf dem Bild haben Adam und Eva diese Welt im Rücken, die Welt ursprünglicher Schönheit und Harmonie, die durch den Engel auch uns ein Zukunftsbild bleiben soll. Der Engel im Bild blickt nicht feindlich. Er führt den Auftrag Gottes aus, aber lässt uns ahnen, wie unsere Welt nach dem Willen Gottes sein könnte, sein sollte.

Steh auf und iß!
Sonst ist der Weg zu weit für dich

# Elja

Zu den eindruckvollsten Schilderungen der Gottesbegegnungen im Alten Testament gehört die Weisung Gottes an Elja auf dem Berg Horeb. Gott zeigt sich nicht im Sturm, nicht im Erdbeben, nicht im Feuer, sondern im sanften, leisen Säuseln. Da vernimmt Elja die Weisung des Herrn.

Vorausgegangen ist die Begegnung mit dem Engel. Elja war in die Wüste geflohen, weil ihn die Königin Isebel töten wollte. Er wünscht sich den Tod. Als er unter dem Ginsterstrauch liegt, rührt ihn ein Engel an und sagt: »Steh auf und iss«. Er sieht neben sich Brot und einen Krug mit Wasser. Erst als er ein zweites Mal diesen Anruf hört »Steh auf und iss, sonst ist der Weg zu weit für dich«, macht er sich auf und wandert, durch die Speise gestärkt, vierzig Tage und vierzig Nächte bis zum Gottesberg Horeb (1 Kön 19,9-15). Auf dem Bild sehen wir den Engel, der an den verzweifelten Propheten herantritt. In inniger Zuneigung weist er auf das Brot hin und den Becher.

In Müdigkeit und Verzweiflung brauchen auch wir einen Anruf und wir bedürfen einer Stärkung. Von uns aus wären wir geneigt, aufzugeben oder alles beim Alten zu belassen. Jeder von uns kennt Bedrängnisse, Enttäuschungen, das Scheitern aller Pläne, Situationen, in denen wir resignieren, am liebsten sterben würden. Jeder von uns hat schon eine

Stimme gehört, die ihm zuspricht: Bleib nicht liegen, steh auf! Vielleicht war es jemand aus der Familie, ein Freund, einer der mir begegnet. Vielleicht ist es ein innerer Zuspruch, ein unerwartetes Erfasstwerden vom Engel. Er gibt mir nicht Flügel, sondern natürliche Kräftigung durch Brot und Wasser. So werden wir für den weiten, mühsamen Weg gerüstet. Es ist ein Anruf »Gib nicht auf«, »Stärke dich«, »Nimm alles, was dir Kraft gibt, dann kannst du den Weg gehen«. In den scheinbar verzweifelten Situationen dürfen wir uns an solch einen Zuspruch halten, wie ihn der Engel sorgfältig und milde uns zuwendet. So können wir vielleicht den uns noch unbekannten und schwierigen Weg gehen. Solch einen Anruf kann jeder von uns in seinem Inneren erspüren, auch wenn er öfters zugesprochen werden muss. – Die Engel Gottes sind beharrlich, begeben sich in unsere Kleinheit und Niedrigkeit, um uns zum ganz Großen der Gottesbegegnung zu führen.

# *Rafael*

Das alttestamentliche Buch Tobit ist (wie die Bücher Judit und Ester) eine Erzählung, die etwa um 200 v. Chr. entstanden ist. Der fromme und erblindete Tobit sendet seinen Sohn Tobias in die Stadt Rages in Medien zu Gabaël, den er zehn Talente Silber zur Aufbewahrung anvertraut hatte, als Vermögen für die Familie. Er gibt seinem Sohn den Rat, sich einen Reisegefährten zu suchen.

So trifft er den Engel Rafael in der Gestalt eines jungen Mannes und lässt sich mit ihm vom Vater senden. »Gott, der im Himmel wohnt, wird euch auf der Reise behüten. Sein Engel möge euch begleiten« (Tob 5,17). Auf dem Weg kommen sie an den Fluss Tigris. Den badenden Tobias will ein Fisch verschlingen, doch Rafael lässt Tobias den Fisch packen und befiehlt ihm, den Fisch aufzuschneiden und Herz, Leber und Galle herauszunehmen. Herz und Leber, die verbrannt werden, sollen einem Menschen von der Qual eines bösen Geistes befreien, erblindete Augen soll man mit der Galle bestreichen. Dies geschieht dann auch, als Tobias um die Hand Saras bei seinen Verwandten anhält und sie von dem bösen Geist befreit wird, der bislang alle ihre Bewerber vernichtet hat. Und heimgekommen wird er seines Vaters Augen mit der Galle bestreichen, so dass er wieder sehen kann.

Leber und Galle heraus und bewahre s
ide den Fisch auf, nimm Herz,

Auf dem Bild sehen wir, wie Rafael die Weisung gibt, den Fisch aufzuschneiden und Herz, Leber und Galle herauszunehmen. Wir dürfen uns dem schönen Bild des Engels überlassen, der Ruhe und Milde ausstrahlt und mit dem Finger die Weisung an Tobias andeutet. Wir dürfen uns vor diesem Bild vergewissern, dass Gottes Liebe uns begleitet, auch in dunklen Situationen, dass er uns eine Weisung gibt, deren Sinn wir vielleicht nicht verstehen. Hier ist es eine Weisung, sich der heilenden Kräfte, die in der Natur verborgen sind, zu bedienen. Auch in dem, was da im Bild des getöteten Fisches nur als etwas Abschreckendes erscheint, steckt heilende, verwandelnde Kraft. Vielleicht erinnern wir uns mancher Begleitung von Jugend an, an das Wort eines Lehrers, einer Freundin, eines Kollegen. Den guten Sinn haben wir erst später erkannt, jetzt aber erfüllt es uns mit großer Dankbarkeit.

herrlich ist Gott in der Höhe und auf Erden ist Friede bei den

# *Verkündigung an die Hirten*

Wir sehen Schafe beim Engel wie beim Hirten. Es ist die ganz einfache Welt von Menschen am Rande, von Menschen bei den Tieren, in die der Engel bedachtsam und mit voller Überzeugungskraft eintritt. Es ist die Gegend, in der Jesus von Maria geboren und in Windeln in eine Krippe gelegt ist, da niemand sie aufnahm. Vom Engel des Herrn heißt es, dass er den Glanz Gottes ausstrahlte. Er verkündet die Geburt des Messias in der Grotte von Betlehem. Den Engel umgibt plötzlich ein himmlisches Heer, das Gott lobte: »Verherrlicht ist Gott in der Höhe und auf Erden ist Friede bei den Menschen seiner Gnade« (Lk 2,14). Das ist die eigentliche, die erste Aufgabe der Engel: das Lob Gottes zu singen, weil sie vor dem Glanz der Herrlichkeit Gottes nicht schweigen können. Dieser Herrlichkeit öffnen sie sich ganz, aber sie lassen auch etwas von dieser Herrlichkeit hineinströmen in die Welt der armen Hirten, in die Welt der Menschen unter der Herrschaft des Herodes, in diese unsere Welt. Wir sehen, wie der Engel ergriffen ist und diese Herrlichkeit weitergibt. Wir sehen den Hirten, der aufmerksam lauscht und das Schaf in seinen Händen hält. Es sind ganz einfache Menschen, abseits von Macht und Klugheit, Menschen am Rande, denen die Botschaft der Herrlichkeit zu Teil wird. Denn auch das kleinste und niedrigste Geschöpf soll von der Herrlichkeit erfasst werden. Ja das Lamm, das geopfert wird, wird zum überzeugenden Bild dessen, der sich ausliefert und opfert und so zum Vermittler von Gottes Herrlichkeit wird.

# Engel in der Wüste

Auch das Neue Testament beschreibt öfters, wie Engel die Botschaft Gottes den Menschen überbringen, vor allem natürlich am Anfang der Geschichte Jesu mit den Botschaften an Zacharias, an Maria, an Josef, an die Hirten. Aber Engel sind auch gesandt, um dem Menschen Jesus beizustehen. Markus berichtet, wie Jesus bei der Taufe durch Johannes sieht, dass der Himmel sich öffnet und der Geist wie eine Taube auf ihn herabkommt. Eine Stimme aus dem Himmel spricht: »Du bist mein geliebter Sohn, an dir habe ich Gefallen gefunden« (Mk 1,11). Und dann heißt es weiter: »Sogleich trieb der Geist Jesus in die Wüste«. Dort blieb Jesus vierzig Tage lang und wurde vom Satan in Versuchung geführt. »Er lebte bei den wilden Tieren und die Engel dienten ihm« (Mk 1,12f).

Im Bild von Sanchez-Morino sehen wir den staunenden, andächtigen Blick des Engels auf den aus dem Wasser steigenden Jesus, der das Wort des liebenden Vaters im Innersten erfasst. Die Taufe bedeutet: er nimmt die Sünde der Menschen auf sich, taucht in den Tod ein, steigt aus dem Wasser auf und nimmt die unendliche Liebe des Vaters auf für die Menschen. In der Wüste, in den vierzig Tagen, da er fastet und hungert, erfährt er die Grundversuchungen des Menschen: Der Mühsal des Hungers zu entgehen durch die Verwandlung

von Steinen in Brot. Die Missachtung, die Ablehnung seiner Sendung durch die Menschen zu überwinden durch die großartige Schau eines Herabschwebens von der Zinne des Tempels. Die böse, gottlose Welt mit irdischer Macht, mit den Mitteln dieser Welt zu verwandeln (vgl. Math 4,3-10). Dies ist freilich nicht eine einmalige Versuchung. Lukas berichtet, dass der Teufel nur für eine gewisse Zeit von ihm abließ (Lk 4,13). Jesus aber erfährt, dass Engel ihm dienen, ihn versorgen. In der Bedrängnis und der Versuchung ist er nicht allein gelassen. In diesem Dienen nehmen die Engel Gottes teil an der Erniedrigung des Sohnes Gottes, der sich selbst erniedrigt hat und der Diener aller geworden ist.

# *Engel am Ölberg*

Dieses Ölbergbild bewegt mich in besonderer Weise. Meine Vorstellung von Engeln ist ja ein Bild der Vollendung: Engel als jubelnde Schar im Anblick des ewigen Gottes. Hier aber ist ein Engel einbezogen in Jesu Todesangst, in seine tiefste Erniedrigung.

Der Engel blickt auf das, was Jesus erwartet: nichts bleibt von ihm übrig außer totem Gebein. Alles, was seine menschliche Seele in Freude bewegt hat, die Verkündigung der frohen Botschaft, sein befreiendes und heilendes Wirken scheint verloren. Das Schicksal des Verlierers steht unausweichlich vor ihm. Mit großer Heftigkeit hat Jesus es immer wieder von sich gewiesen, wenn seine Jünger ihn davor bewahren wollten. »Weg mit dir Satan, geh mir aus den Augen« sagt Jesus zu Petrus. Dieser, eben noch von Jesus als »Fels der Kirche« gepriesen, hatte ja auf Jesu Ankündigung seines künftigen Leidensweges ausgerufen: »Das soll Gott verhüten. Das darf nicht mit dir geschehen« (Math 16,22).

Aber Jesus weiß um diese Urversuchung: »Du hast nicht das im Sinn, was Gott will, sondern das, was die Menschen wollen« (Math 16,33). Jetzt am Ölberg, da all das Schreckliche Jesus vor Augen steht, kann er aus tiefster Seele rufen: »Vater, nimm diesen Kelch von mir«. Doch er ringt sich durch zu dem Wort: »Aber nicht mein, sondern dein Wille soll geschehen« (Lk 22,42). Und Lukas berichtet, dass ihm ein Engel vom Himmel erschien und ihn stärkte. »Und er betete in seiner Angst noch inständiger und sein Schweiß war wie Blut, das auf die Erde tropfte« (Lk 22,43). Der Engel tritt mit Jesus in die Welt des Todes, aber er kommt aus der Welt des Lebens, das die Welt des Todes besiegt. In Jesus am Ölberg wird deutlich: Gott, der Himmel, ist nicht eine uns ferne Welt, sie ist uns in Liebe ganz nahe, unser Elend ist ihr nicht fern.

# Ostern

Wir blicken beim Osterbild auf die zwei Frauen, die gekommen sind, um den Leichnam Jesu zu salben. Sie stehen vor dem, was hier als verwesendes Knochengebilde dargestellt ist. Die beiden Frauen sind prachtvoll dargestellt – mit christlichen Zeichen, mit glänzenden Gewändern und kostbarem Öl in den Händen. Sie wollen das von Jesus, das sie liebten, bewahren, erhalten, pflegen. Aber sie stehen ratlos vor dem leeren Grab. Das letzte von dem, was sie schätzten und liebten, ist ihnen genommen.

So sind auch wir ratlos, wenn uns manches Gute und Schöne, das uns überkommen ist, das uns in der Kirche überliefert wird, zu entschwinden droht. Aber da ist die Stimme der Engel, der »zwei Männer in leuchtenden Gewändern: Was sucht ihr den Lebenden bei den Toten? Er ist nicht hier, sondern er ist auferstanden. Erinnert euch an das, was er euch gesagt hat. Der Menschensohn muss den Sündern ausgeliefert und gekreuzigt werden und am dritten Tag auferstehen« (Lk 24,5ff). Die Frauen stehen für uns alle, die wir Überliefertes, Kostbares pflegen und erhalten wollen. Wir wollen den schönen Bau der christlichen Überlieferung sorgsam erhalten, pflegen, glänzen lassen. So sind wir immer in Gefahr, auch unsere Kirche in ihrer irdischen und vergänglichen Gestalt bewahren

bei den
sucht Ihr den Lebenden

zu wollen. Und wir werden gewiesen auf den Weg Jesu, der aus dieser Welt wegführt, um den Schritt zu tun in die ganz andere Welt von Ostern und Auferstehung. Was wir in Händen halten an Gefäßen der Bewahrung kann nutzlos werden.

Freilich müssen wir uns erinnern wie diese Frauen an das, was Jesus gesagt und verheißen hat. Das ist nicht immer einfach. Was die Frauen berichten, halten die Apostel für Geschwätz. Auch sie müssen, als der Auferstandene sich ihren Blicken in die Wolke entzog und sie weiter zum Himmel emporschauen, von zwei Engeln hören: »Was steht ihr da und schaut zum Himmel empor?« (Apg 1,12). So werden wir durch die Engel gemahnt, in dieser unserer Welt dem Kommen des Herrn froh und zuversichtlich zu dienen.

# *Befreiung aus dem Gefängnis*

Zweimal erfährt Petrus, wie ein Engel ihn und seine Gefährten befreit. Der Hohe Rat hatte ja verboten, dass die Apostel weiter Menschen von Jesus Kunde bringen. Petrus gibt die Antwort: »Man muss Gott mehr gehorchen als den Menschen« (Apg 5,29). Noch einmal werden später führende Vertreter der christlichen Gemeinde von König Herodes verhaftet und misshandelt. Jakobus wurde hingerichtet und Petrus streng im Gefängnis bewacht (Apg 12,1-5). Der Engel trat in den Kerker ein, weckte Petrus auf: »Schnell, steh auf«. Und er befiehlt ihm sich anzuziehen und ihm zu folgen, durch die verschlossenen Tore, an den Wachen vorbei. In der Stadt kommt Petrus zu sich und erkennt, »dass der Herr seinen Engel gesandt und mich der Hand des Herodes entrissen hat und all dem, was das Volk der Juden erwartet hat« (Apg 12,11).

Immer wieder kennen wir Situationen, in der unsere Lage als hoffnungslos erscheint. Alles ist zerstört. Alles scheint vergebens zu sein. Aber die Befreiung, die sich an Petrus auch als äußeres Ereignis zeigt, kann in unserem Inneren geschehen, ohne dass sich die äußeren Bedingungen ändern, also die Tore des Gefängnisses aufbrechen, die Bedrohung durch Feinde aufhört, die lähmende Krankheit wieder weicht. Das Wort des Engels «Steh auf«

ist Gott in der Höhe, und auf Erden ist Friede bei den

kann auch zu einer inneren Wandlung führen: einer spürt eine neue Freiheit in seiner Seele, eine Kraft, die die äußeren Bedrängnisse und Schmerzen ertragen lässt und die einen frohen, hoffnungsvollen Mut schenkt, der auch das Schwierige annimmt. In der ganzen Kirchengeschichte gibt es immer wieder die Berichte, dass zum Tod Verurteilte und tödlich Gequälte den Mut nicht verloren, sondern eine innere Gelöstheit, ja Heiterkeit bewahrten. Davon geben die Märtyrerberichte der frühen Zeit Kunde bis zur Geschichte der Verfolgungen in unserer Zeit. Der Bunker in Auschwitz, in dem Maximilian Kolbe und andere Mitgefangene zu Tode gebracht werden, ist nicht wie sonst von Entsetzen, Verzweiflung, Wut erfüllt, sondern von vertrauensvollem Gebet und von freudigem Lobpreis Gottes.

# *Gabriel – die Botschaft des Engels*

Zum Abschluss betrachten wir im Klostergang vis-à-vis von der Chorkapelle zwei Ölgemälde aus der Gründungszeit unseres Klosters von Gottfried Hermann Sagstetter (1811–1883). Er war Schüler der Cornelius-Klasse der Münchner Kunstakademie. Ähnliche Bilder hat er auch in dieser Zeit für die Maximilianskirche in Augsburg gemalt.
Sicher gilt Michael als der Oberste der Engel. Aber der für mich wichtigste und liebste ist Gabriel, dem das Lukasevangelium die Botschaft an Zacharias und an Maria zuschreibt. Und das ist ja die wichtigste Begegnung der ganzen Heilsgeschichte: Gottes Liebe wendet sich so sehr den Menschen zu, dass er selbst Mensch wird. Der Engel sagt zu Zacharias: »Ich bin Gabriel, der vor Gott steht, und ich bin gesandt worden um mit dir zu reden und dir diese frohe Botschaft zu bringen« (Lk 1,19). Aber die entscheidende Botschaft ist der Gruß an Maria, die Begnadete (Lk 1,28).
Vom goldenen Hintergrund des Bildes hebt sich der Engel ab, von Wolken getragen. Demütig verneigt er sich vor Maria. Seine linke Hand hält einen Botenstab in der Hand, mit einem aufgerollten Band und der Inschrift *ave maria gratia plena.* Es ist ein wunderbares Gespräch, das der Engel mit Maria führt. Er sagt das Schönste, was man von einem Menschen sagen kann, dass Maria mit göttlicher Huld

erfüllt, die Begnadete und der Herr mit ihr. Maria ist ein bewusster und freier Mensch, der sich überlegt, was das bedeutet. Und der Engel spricht ihr zu »Fürchte dich nicht« und verkündet ihr das Geheimnis der Geburt Jesu, dessen Herrschaft kein Ende hat. Aber Maria darf zurückfragen, wie das geschehen soll. Der Engel erläutert ihr: »Der Heilige Geist wird über dich kommen und die Kraft des Höchsten wird dich überschatten« (Lk 1,28f). Hilfreiches Eingehen auf die konkrete Situation Marias zeigt Gabriel, indem er auf die Verwandte Elisabeth verweist, auf die Unfruchtbare, die nun im sechsten Monat ist. Die tröstende Botschaft ist: »Für Gott ist nichts unmöglich«.

# *Maria – die Antwort des Menschen*

Das ist fürwahr die Grundmitteilung aller Engelsbotschaft: Aus der himmlischen Perspektive wird auch die in unserer Welt scheinbar aussichtslose Situation erhellt: »Für Gott ist nichts unmöglich«. Das wird dann auch die endgültige Aussage Jesu sein, als die Jünger in der Geschichte mit dem reichen Jüngling über das Wort Jesu entsetzt sind: «Eher geht ein Kamel durch ein Nadelöhr, als dass ein Reicher in das Reich Gottes gelangt«. Bestürzt und erschrocken fragen sie: »Wer kann dann noch gerettet werden?« Die Antwort Jesu ist: »Für Menschen ist das unmöglich, aber nicht für Gott. Denn für Gott ist alles möglich« (Mk 10,23-27). Maria nimmt die Botschaft des Engels gläubig an und ist uns allen darin ein Vorbild, bei dem, was

uns unmöglich erscheint, nicht zu verzweifeln, sondern treu auszuhalten. Auch Maria ist ja immer wieder großen Schwierigkeiten ausgesetzt. So kann Maria den Zwölfjährigen, den sie und Josef drei Tage voller Angst suchten, fragen: «Kind, wie konntest du uns das antun?« Die Antwort Jesu »Wusstet ihr nicht, dass ich in dem sein muss, was meinem Vater gehört?« versteht sie nicht. Aber sie bewahrt alles in ihrem Herzen. (Lk 2,48-51). Und dies wird dann zur großen Bedrängnis für Maria, als Jesus Nazareth verlässt und sich ganz seiner Sendung widmet. Als Jesus vom Andrang des V olkes ganz in Beschlag genommen wird, will ihn seine Familie mit Gewalt zurückholen (Mk 3,21). Als seine Mutter und seine Brüder ihn sprechen wollen fragt Jesus: »Wer ist meine Mutter und wer sind meine Brüder?« Und er zeigt auf die Menschen, die ihm zuhorchen: »Das hier sind meine Mutter und meine Brüder. Wer den Willen Gottes erfüllt, der ist für mich Bruder und Schwester und Mutter« (Mk 3,32-35). Das ist die Erfahrung Marias: Jesus gehört nicht mehr mir. Er lebt den Auftrag des Vaters bis hin zum Tod am Kreuz. Aber Maria begleitet ihn mit ihrem innersten Ja, auch als der irdische Jesus sich endgültig von ihr löst und vom Kreuz her auf Johannes weisend sagt: »Frau siehe deinen Sohn« (Joh 19,26). So ist uns Maria ein Vorbild, wie wir Botschaften des Engels, Botschaften Gottes aufnehmen, wie auch wir das, was uns gesagt wird, bewahren und im Herzen bewegen sollen (Lk 2,19).

# *Maria Urbild des Hörens*

Zu den ersten Aufgaben beim Wiederaufbau von St. Bonifaz gehörte der Neubau einer Krypta. Sie war unter dem Nordteil der Basilika noch im Januar 1945 total verstört worden. Mitbrüder, die inzwischen gestorben waren wurden in Andechs oder auf einem Münchner Friedhof begraben. Der Mitbrüder, die vor der Zerstörung in Krypta begraben waren, wurde auf eigenen Tafeln in der neuen Krypta in der Apsisrunde gedacht. Für die nach Kriegsende Verstorbenen wie meinem Vorgänger Abt Hugo Lang und für uns alle, die wir auch gewiss sterben werden, wurden im Nordteil der Krypta Grabzellen errichtet. Es war gewiss, in einer dieser Zellen werde auch ich einmal ruhen.

Als Zeichen der Überwindung des Todes schuf die Bildhauerin Christine Stadler ein Monument mit einer Säule von verschiedenen Stufen, die in einen großen goldenen Kreis hineinführen. Vor ihm trägt die Gestalt Mariens auf ihrem Schoß wie auf vielen Pietabildern den verstorbenen Sohn. Freilich hat auch er seine Arme ausgebreitet und schreitet so mit Maria hinein in die Auferstehung. Das ist die Vollendung aller Engelsbotschaft, wie sie die Frauen vom Ostermorgen vernehmen: »Erschreckt nicht! Ihr sucht Jesus von Nazareth, den Gekreuzigten. Er ist

auferstanden. Er ist nicht hier« (Mk 16,6; Mt 28,5f).

Die Auferstehung Jesu und damit die Verheißung auch unserer Auferstehung ist die Vollendung aller Botschaft, die uns durch Engel zugesprochen wird.

Maria ist ja nach der Auferstehung und Himmelfahrt ihres Sohnes zusammen mit den Aposteln, mit ihrer Familie und den Frauen im Obergemach in ständigem, beharrlichem Gebet. Sie, die als erste Gottes Geist empfing um Jesus zu gebären, ist nun inmitten der Kirche, die durch das Wehen des Geistes befähigt wird, die Frohe Botschaft der Welt zu verkündigen.

Maria ist uns allen Vorbild und Urbild des Hörens auf die Botschaft. Wenn wir in der Krypta unserer Verstorbenen und auch unseres künftigen Sterbens gedenken, dürfen wir uns immer wieder angerufen fühlen von der Botschaft, die Gott uns durch Engel zuspricht.

TE
DECET
HYMNVS

Hans-Günther Kaufmann arbeitete seit seinem 18. Lebensjahr als Mode- und Werbefotograf. Eine Lebenskrise und die Freundschaft mit Abt Odilo Lechner lösten einen radikalen Wandel seiner Interessen aus. Seither versucht er mit dem Medium der Fotografie und des Films, die existenziellen Grundlagen christlicher Werte zu vermitteln.

Dr. Odilo Lechner OSB, leitete von 1964 bis 2003 die beiden traditionsreichen Klöster Sankt Bonifaz in München und Andechs auf dem Heiligen Berg. In seiner Amtszeit wurde die kriegszerstörte Basilika Sankt Bonifaz wieder aufgebaut. Altabt Odilo Lechner ist bis heute als Kolumnist, Buchautor, Firmspender und Referent tätig.